Factores de riesgo y prevención del "Burnout" en profesionales sanitarios de atención primaria y urgencias

CULTIVA LIBROS®

Factores de riesgo y prevención del "Burnout"
en profesionales sanitarios de atención primaria y urgencias
Ramón López de Cobos

Editado por:
CULTIVA LIBROS
C/ Méndez Álvaro 18 2ª Pl.
Madrid 28045
España
912049636
www.cultivalibros.com
info@cultivalibros.com

Impreso en España
ISBN: 978-84-16422-26-5

Maquetación, diseño y producción: Cultiva Libros

Ramón López de Cobos

Factores de riesgo y prevención del "Burnout" en profesionales sanitarios de atención primaria y urgencias

Índice

I. Resumen

Las investigaciones sobre el Síndrome de Burnout en los profesionales sanitarios de Atención Primaria y Urgencias, han ido en aumento en todo el mundo, dada su repercusión tanto en la salud de los propios trabajadores que lo padecen, como en la calidad de la atención que dispensan, a los pacientes que dependen de ellos.

Este trabajo tiene como objetivo, hacer una revisión bibliográfica actualizada sobre los factores de riesgo y prevención del "burnout" en estos profesionales sanitarios.

Para ello se han consultado publicaciones sobre el tema y se ha realizado búsqueda informática de la bibliografía existente al respecto en los últimos años fundamentalmente.

Se hace referencia a las últimas investigaciones sobre burnout en estos trabajadores sanitarios, detallándose las variables personales, sociales, laborales etc. que pueden tener un papel favorecedor del burnout o por el contrario inhibidor del mismo. Igualmente se hace un recorrido por las distintas medidas de prevención del burnout a nivel individual, grupal u organizacional.

Conclusiones: Es de vital importancia profundizar en el conocimiento de los factores predisponentes del burnout con el fin de identificar los grupos más vulnerables. Igualmente es necesario diseñar estrategias para la prevención y afrontamiento del mismo.

Palabras clave: Burnout, atención primaria, urgencias, despersonalización, agotamiento emocional.

II. Introducción

En 1974, el psiquiatra **Herbert Freudenberger** que ejercía en una clínica de Nueva York, observó como la gran mayoría de los voluntarios que trabajaban con toxicómanos, en un periodo determinado —normalmente un año—, sufrían de forma progresiva, pérdida de energía hasta llegar al agotamiento, síntomas de ansiedad y depresión, así como desmotivación en su trabajo y agresividad con los pacientes. Freudenberger propuso el nombre de "**Burnout**" para tal situación (1), y lo describió, como una patología psiquiátrica que experimentaban algunos profesionales que trabajaban en instituciones cuyo objeto era la atención o ayuda a personas. Según los estudios de Freudenberger este síndrome sería contagioso, ya que los trabajadores que lo padecían, podían afectar a los demás compañeros con su hastío, desesperación y cinismo, con lo que en un corto período de tiempo, la organización, podía caer en el desánimo generalizado.

En 1976, las psicólogas **Chistine Maslach y Susan Jackson** utilizaron el término **Burnout**, para referirse a un conjunto de respuestas emocionales que afectaban a los profesionales de ayuda (2, 3). Determinaron que los afectados sufrían " sobrecarga emocional" o **síndrome de Burnout** y lo definieron como *"síndrome tridimensional caracterizado por agotamiento emocional, despersonalización y baja realización personal, que puede ocurrir entre individuos cuyo trabajo implica atención o ayuda a personas".*

Estas tres manifestaciones, pronto fueron aceptadas como **marcadores del Síndrome de Burnout** y utilizadas mediante un cuestionario, **El Cuestionario Maslach Burnout Inventory**, creado por Chistine Maslach para medir la intensidad con la que se sufre el síndrome.

Los profesionales sanitarios y en particular de Atención Primaria y Urgencias, se enfrentan diariamente a numerosos riesgos para su salud, pero quizás el que surge de forma más sutil y silenciosa y por ello más difícil de detectar y tratar, es el deterioro de su capacidad como profesional y el agotamiento personal que caracterlza al "Síndrome de desgaste profesional" (SDP), "Síndrome de Burnout" en terminología anglosajona o "Síndrome del quemado" en español, también conocido como "Síndrome de Tomas" debiendo su nombre al personaje de la novela "La insoportable levedad del ser", donde el protagonista, "Tomas", es un individuo que ha perdido su autoestima, y su actitud evidencia, desánimo y tedio en la labor diaria, con ausencia de expectativas de mejoría.

Cuando decimos que un profesional está "quemado" o sufre Síndrome de Burnout, se trata de reflejar el hecho de que una situación le ha sobrepasado, agotando su capacidad de reacción. Es el final de un proceso continuado de tensión y de estrés. Si bien esta experiencia negativa puede ocurrir en distintas esferas vitales, el término ha pasado a la investigación psicológica para reflejar una situación de desajuste entre el trabajador y el puesto que ocupa.

III. Marcadores del Síndrome de Burnout

La psicóloga Maslach desarrolló el **Cuestionario Maslach Burnout Inventory (MBI)** compuesto de 22 items (4), para valorar las tres manifestaciones básicas del síndrome de desgaste profesional y que son aceptadas universalmente como marcadores del burnout: Agotamiento emocional y físico (AE) mediante 9 items, Despersonalización (DP) mediante 5 items y Realización personal (RP) mediante 8 items. Cada ítem es valorado de 0 a 6 según su frecuencia.

➢ 1) **Agotamiento emocional y físico** consistente en una ausencia o falta de energía y entusiasmo, junto con un sentimiento de escasez de recursos y frustración. Este agotamiento lo ponen frecuentemente de manifiesto con expresiones como "estoy agobiado", "ya no puedo más", "me encuentro en el límite". A nivel emocional, los profesionales sanitarios refieren la sensación de estar dando más de lo que reciben.

El agotamiento emocional y físico es la primera manifestación del SDP. Si no se reacciona a tiempo, poniendo remedios adecuados, el profesional puede presentar una distorsión en su manera de percibir la relación con el paciente y reaccionar con estrategias para defenderse de estas percepciones, reales o imaginarias, de amenazas o agravios. La relación médico paciente es sustituida por el distanciamiento emocional.

- 2) **Despersonalización o deshumanización** caracterizada por insensibilidad emocional, cinismo y crítica exacerbada de todo su ambiente. Se manifiesta con actitud negativa e incluso insensible, ante aquellos pacientes a los que tiene que atender diariamente. El trato despersonalizado a los pacientes y a sus familiares elimina la mayor fuente de satisfacción de las profesiones asociadas a las relaciones de ayuda a las personas, lo que contribuye a incrementar el cansancio del profesional sanitario afectado.

- 3) **Baja realización personal** caracterizada por una tendencia a autoevaluarse de forma negativa. Sentimiento de infelicidad consigo mismo y con su desarrollo profesional, experimentando una merma en el sentimiento de competencia y de éxito en su trabajo, así como en su capacidad de interactuar con las personas. Se siente incapaz de lograr las metas propuestas, lo que le hace sentirse mal.

Se agotan los recursos del profesional, hasta incapacitarlo para el ejercicio de su profesión. La falta de realización personal, con respuestas negativas hacia el trabajo y hacia sí mismo, por parte de los profesionales «quemados», hace que pierdan total y en ocasiones definitivamente la motivación para el trabajo.

IV. Cuestionario Maslach Burnout Inventory (MBI)

En el MBI. Compuesto por 22 items, cada ítem es valorado de 0 a 6 según la frecuencia (0 = nunca, 1 = pocas veces al año, 2 = una vez al mes o menos, 3 = unas pocas veces al mes, 4= una vez a la semana, 5 = pocas veces a la semana, 6 = todos los días.

<u>ITEMS DEL MBI:</u>

1 Me siento emocionalmente agotado por mi trabajo.

2 Me siento cansado al final de la jornada de trabajo.

3 Me siento fatigado cuando me levanto por la mañana y tengo que enfrentarme con otro día de trabajo.

4 Fácilmente comprendo cómo se sienten los pacientes.

5 Creo que trato a algunos pacientes como si fueran objetos impersonales.

6 Trabajar todo el día con mucha gente es un esfuerzo.

7 Trato muy eficazmente los problemas de los pacientes.

8 Me siento "quemado" por mi trabajo.

9 Creo que estoy influyendo positivamente con mi trabajo en las vidas de otras personas.

10 Me he vuelto más insensible con la gente desde que ejerzo esta profesión.

11 Me preocupa el hecho de que este trabajo me esté endureciendo emocionalmente.

12 Me siento muy activo.

13 Me siento frustrado en mi trabajo.

14 Creo que estoy trabajando demasiado.

15 Realmente no me preocupa lo que le ocurre a algunos de mis pacientes.

16 Trabajar directamente con las personas me produce estrés.

17 Fácilmente puedo crear una atmósfera relajada con mis pacientes.

18 Me siento estimulado después de trabajar en contacto con mis pacientes.

19 He conseguido muchas cosas útiles en mi profesión.

20 Me siento acabado.

21 En mi trabajo, trato los problemas emocionales con mucha calma.

22 Siento que los pacientes me culpan por algunos de sus problemas.

Los ítems relacionados con la valoración de cada uno de los marcadores son los siguientes:

AE: Items 1, 2, 3, 6, 8, 13, 14, 16, 20.

DP: Items 5, 10, 11, 15, 22.

RP: Items 4, 7, 9, 12, 17, 18, 19, 21.

Para obtener la puntuación de cada marcador, se suman los valores de sus ítems correspondientes.

La puntuación obtenida para cada marcador se clasifica en baja, moderada o alta:

AE: BAJO (= o <18)

MODERADO (19-26)

ALTO (= o > 27)

DP: BAJO (= o < 5)

MODERADO (6-9)

ALTO (= o > 10)

RP: BAJO (= o < 33)

MODERADO (34-39)

ALTO (= o > 40)

La obtención, en el MBI, de altas puntuaciones, en agotamiento emocional (AE) y despersonalización (DP), así como bajas en realización personal (RP), evidencian la existencia del SDP o Síndrome de Burnout.

V. Fases del Burnout

El Burnout es un **proceso,** más que un estado, y es **progresivo** por acumulación de contacto intenso con personas.

Jerry Edelwich y Archie Brodsky (1980) definen el burnout *"como una pérdida progresiva del idealismo, energía y motivación, vividos por la gente en las profesiones de ayuda, como resultado de las condiciones de trabajo"*. Proponen **cuatro fases o etapas** por las cuales pasa todo individuo con **burnout**:

1. Etapa de idealismo y entusiasmo. La persona se involucra demasiado en su trabajo y existe una sobrecarga voluntaria. Si no se cumplen sus expectativas, puede provocar un sentimiento de desilusión que hace que el trabajador pase a la siguiente etapa.

2. Etapa de estancamiento. Supone una disminución de las actividades desarrolladas al constatar la irrealidad de sus expectativas, ocurriendo la pérdida del idealismo y del entusiasmo.

3. Etapa de apatía. Es la fase central del síndrome burnout. La frustración de las expectativas, lleva al individuo a la paralización de sus actividades, desarrollando apatía y falta de interés. Empiezan a surgir los problemas emocionales, conductuales y físicos. El individuo intenta retirarse de la situación frustrante evitando el contacto con los compañeros, faltando al trabajo, incluso abandonando este y en casos más graves la profesión. Estos comportamientos empiezan a volverse constantes, abriendo el camino para la última etapa de burnout, la del distanciamiento.

4. Etapa de distanciamiento. La persona está crónicamente frustrada en su trabajo, ocasionando sentimientos de vacío total que pueden manifestarse en distanciamiento emocional y desvalorización profesional.

En lugar del entusiasmo e idealismo profesional, trata sobre todo de no arriesgar la seguridad del puesto de trabajo, ya que posee compensaciones (el sueldo, por ejemplo) que justifican la pérdida de satisfacción.

La **OMS**, en la Última revisión de la **CIE** (Clasificación Internacional de Enfermedades), ha incluido el Burnout en su capítulo V (Trastornos mentales y del comportamiento); Apartado XXI (Factores que influyen en el estado de salud y en el contacto con los servicios de salud) y dentro de este apartado en (Problemas relacionados con el manejo de las dificultades de la vida) (5).

VI. Factores de riesgo del Burnout

Existen determinados factores que propician el burnout y los podemos clasificar según:

I. - Naturaleza de la tarea (profesiones asistenciales)

II. - Variable individual

III. - Variable interpersonal

IV. - Variable organizacional e institucional.

VI. I-Naturaleza de la tarea

Desempeño de profesiones asistenciales (6, 7): El "Burnout" o "quemamiento", es un síndrome de reducción de la capacidad personal, que puede presentarse en sujetos, que por su profesión, se ocupan de la "gente" (médicos, enfermeras, psicólogos, maestros, policías, asistentes sociales, etc.). Se trata de una reacción a la tensión emocional crónica creada por contacto continuo con otros seres humanos, en particular cuando éstos tienen problemas o sufrimiento. El factor característico del "Burnout" es que el estrés surge de la interacción social entre el operador y el destinatario de la ayuda. Por ello se dice, que este síndrome es **"el precio de ayudar a los demás".**

Se estima que en el sector sanitario el número de trabajadores afectados por el burnout ronda entre el 20 y el 30%, llegando incluso al 40% en algunos casos (5).

No hay consenso en la literatura contemporánea sobre si existe o no diferencia en el nivel de burnout entre profesionales médicos y profesionales de enfermería. Mientras que algunos estudios lo consideran equiparable (7,

8), otros encuentran niveles de burnout superiores en profesionales médicos (9) y otros encuentran niveles superiores en profesionales de enfermería (10).

El Burnout en las profesiones sanitarias es una realidad. La calidad de vida de los profesionales que lo sufren aparece alterada de manera significativa y la literatura publicada indica que puede tener consecuencias perjudiciales en la atención a sus pacientes (11).

VI. II-Variable individual

—*La edad* aunque parece no influir en la aparición del burnout, se considera que pueden existir unos periodos en que el profesional sería especialmente vulnerable. Uno de estos periodos, comprende los primeros años de carrera profesional. Es en este momento es cuando se produce la transición desde las expectativas idealistas hacia la práctica cotidiana, lo que puede dar lugar a la percepción, de que las recompensas, tanto personales como las profesionales y económicas, no son las esperadas.

Así, tras los dos primeros años de carrera profesional se puede estar ya produciendo un fenómeno de sensibilización, y aunque inicialmente el SDP se describía en profesionales de más de 40 años, cada vez son mayores los indicadores de desgaste profesional entre los médicos residentes, especialmente en relación con las guardias en los servicios de urgencias (12).

Otro periodo especialmente vulnerable es el de más de 20 años de desarrollo profesionál, con más de 10 años en el mismo centro de trabajo y especialmente si dedican la mayor parte del tiempo de su jornada laboral a la atención directa de un número elevado de pacientes.

—*El género*: Según la mayoría de autores, serian principalmente las mujeres el grupo más vulnerable, quizá por la doble carga de trabajo que conlleva la práctica profesional y la tarea familiar, así como la elección de determinadas especialidades profesionales que prolongarían el rol de mujer , como pediatría, ginecología . Otras investigaciones indican una mayor vulnerabilidad de los hombres, o bien que no encuentran diferencias significativas por género (13).

—*La Personalidad competitiva*: Los factores más significativos que provocan burnout, tienen que ver muchas veces con la propia persona. La autoexigencia personal, por ejemplo, en departamentos muy competitivos, genera unos niveles de estrés que acaban desgastando psicológicamente sin que pueda apreciarse en un primer momento, pero que luego con el tiempo pasa factura.

VI. III-Variable interpersonal

—*El estado civil*, aunque se ha asociado el Síndrome más con las personas que no tienen pareja estable, tampoco hay un acuerdo unánime; parece que las personas solteras tienen mayor cansancio emocional, menor realización personal y mayor despersonalización, que aquellas otras que o bien están casadas o conviven con parejas estables.

—*Los hijos* hace más resistentes al síndrome debido a la tendencia, generalmente encontrada en los padres, a ser personas más maduras y estables, además la implicación con la familia y los hijos hace que sean más realistas y tengan mayor capacidad para afrontar problemas personales y conflictos emocionales.

—*Las relaciones conflictivas con compañeros o superiores*: Diversas investigaciones muestran que un apoyo inadecuado, o la falta de apoyo, por parte del jefe directo, supervisores o compañeros, favorecen la aparición de burnout (14).

VI. IV-Variable organizacional

—*La turnicidad laboral* y en especial de los profesionales sanitarios de urgencias, pueden conllevar la presencia del síndrome, observándose puntuaciones más altas en agotamiento emocional, despersonalización y baja realización personal en enfermeras que trabajaban a turno (15, 16). El trabajo a turnos, da lugar a trastornos del sueño, horarios irregulares de alimentación, desajustes en los biorritmos y dificultades para compatibilizar la vida social y familiar con el trabajo. Aunque no es uno de los factores que más contribuyen al burnout, sí aporta su grano de arena, especialmente cuando este ritmo de trabajo se prolonga durante años.

—*La sobrecarga laboral* con exceso de horas de trabajo y número de pacientes que atender, como es el caso de atención primaria, produce índices de agotamiento emocional proporcionales al tiempo ocupado en cuidados directos a los pacientes.

—*Los cambios sociales y tecnológicos* continuos que exigen al profesional adaptarse muy rápidamente a los avances médicos y a unos pacientes mejor informados y más exigentes que en otros tiempos (4).

—*La escasez o ausencia de estímulo económico* con sueldos insuficientes.

—*La falta de participación en la toma de decisiones*: La toma de decisiones exclusivamente por los jefes, sin contar con la opinión del resto de profesionales que forman un equipo, puede dar lugar en estos últimos, a una falta de motivación y compromisos con las labores que se le imponen, al sentir que no se le tiene en cuenta, salvo para cumplir órdenes ajenas.

—*La responsabilidad excesiva en el trabajo o la ausencia de responsabilidades* pueden contribuir a la aparición de burnout.

—*La imposibilidad de poder progresar o ascender en el trabajo*. Leiter señala que el agotamiento emocional precede a la despersonalización, y que la baja realización surgiría en forma paralela al agotamiento emocional, y sería una consecuencia directa de la falta de apoyo social y de oportunidades para desarrollarse en el trabajo.

—*La falta de equidad o justicia organizacional.*

—*La incertidumbre o falta de información* sobre aspectos relacionados con el trabajo (evaluación, funciones, objetivos o metas, procedimientos, etc).

VII. Prevalencia del Burnout en atencion primaria y urgencias

En atención primaria los factores organizacionales parecen mostrarse como los principales responsables del burnout.

El Síndrome de desgate profesional, tiene una elevada presencia entre los profesionales sanitarios de atención primaria de toda España, como lo demuestran estudios realizados en puntos muy diversos de nuestro país. (17, 18, 19) en los que se encuentran porcentajes elevados de personal sanitario que obtienen alta puntuación en cada uno de los marcadores del burnout según el MBI:

—Agotamiento emocional: 30,6%-38,9%.

—Despersonalización: 28%-33,8%.

—Baja realización: 24,2%-48%.

Los **Servicios de Urgencias** son ámbitos especialmente generadores de estrés, soportan una importante presión asistencial y altos niveles de responsabilidad, están sometidos a intensas exigencias por parte de los pacientes y familiares, excesivas horas de trabajo, falta de descanso, situaciones de riesgo y peligrosidad. Por todo ello, son lugares de especial riesgo para producir desgaste profesional.

Dentro de los Servicios de Urgencias, en donde además de los factores comunes al resto de las especialidades, la presión del tiempo actúa como catalizador del estrés, se ha constatado que de los médicos que trabajan en estos servicios, el 60% presentan fatiga emocional, un 78% deshumanización y hasta un 84% insatisfacción hacia el trabajo. Esta mayor afectación de la satisfacción laboral, seguramente traduce el que el individuo ni se ve capaz de hacer frente a las demandas que se le hacen, ni cree tener unas posibilidades razonables de promoción o realización personal.

VIII. Medidas de prevención del Burnout

La prevención es un aspecto fundamental para evitar el Burnout.

Las medidas de prevención se pueden clasificar en tres tipos según la forma de aplicación:

I. Individuales.

II. Grupales.

III. Organizacionales.

VIII. I-Medidas de prevención individuales

Se centran en reducir el estrés provocado por diversos factores, actuando sobre ellos. Existen diversos métodos:

—*Técnica Cognitivo-conductual:* enseña a desconectar del trabajo y separan la vida personal y familiar de la laboral, fomenta la utilización de técnicas para mejorar la ejecución del trabajo, intentando conseguir la mayor efectividad en el mínimo tiempo posible. Igualmente utiliza entrenamiento en control de problemas.

—*Técnicas de tipo físico:* que actúan sobre los efectos fisiológicos del estrés y del Burnout (insomnio, taquicardia, inquietud psicomotora y otras respuestas psicosomáticas propias de la ansiedad) como por ejemplo hacer ejercicio físico, yoga, relajación-meditación y viajes.

—*Medidas generales a nivel personal:*

- Estilo de vida saludable con dieta equilibrada.
- No automedicarse.

- Uso moderado de cafeína y alcohol.

- Dedicar un tiempo al día para sí mismo y no dedicar todo el tiempo al trabajo.

—*Medidas generales a nivel laboral:*

- Tener una visión realista de sus capacidades y limitaciones y no tratar de ir más allá de estas.

- Tener una actitud positiva ante los problemas que se puedan presentar en el trabajo.

- Saber cuándo delegar en alguna actividad laboral y no pretender hacer solo lo que se puede hacer en equipo.

- Expresar lo que se siente y no reprimirlo.

VIII. II-Medidas de prevención grupal

Su objetivo es conseguir el apoyo social, ya sea a nivel familiar, amigos o compañeros. Mayores niveles de apoyo de compañeros de trabajo están relacionados con menores niveles de agotamiento emocional y burnout (20). El afectado busca, al transmitir a un grupo de compañeros de profesión, una opinión que le reconforte. Sentirse comprendidos, intercambiar pareceres y consejos para intentar superar este síndrome. Por esta causa los grupos de escucha y apoyo técnico y emocional son una medida eficaz para prevenir el Burnout.

Los trabajadores que lo padecen, al contar sus problemas se dan cuenta de que no son los únicos que lo sufren, y a su vez, el desahogo fomenta el compañerismo y da fuerza suficiente para afrontar situaciones y enfrentarse a los problemas diarios.

El método de trabajo es a través de las técnicas semejantes a las de prevención individual pero aplicadas al grupo de profesionales del entorno laboral. Esta forma de trabajo adopta el formato de **pequeños seminarios ofertados**. Se suelen enseñar técnicas como la relajación, resolución de problemas, debates en grupo sobre los principales problemas, etc.

VIII. III-Medidas de prevención organizacionales

Son medidas generales que implanta la administración para paliar algunas de las fuentes del estrés que dan lugar al Burnout (21, 22). Entre las más significativas se encuentran:

—*Aumentar la formación del profesional sobre estrategias* y comportamientos que le puedan ayudar a enfrentarse con la multitud de problemáticas que pueden sobrevenir en un día normal de trabajo.

—*Programas de asistencia al empleado* (23) consistente en la existencia de un equipo de profesionales que asesora y atiende de forma personalizada todos los problemas del trabador.

—*Evitar la sobrecarga de trabajo*, en especial en atención primaria y urgencias (24, 25, 26) donde la demanda asistencial es mayor, es fundamental para evitar el Burnout, el disminuir el número de pacientes por consulta y aumentar el número de minutos que el profesional sanitario puede dedicar a cada uno.

—Minimizar la burocratización.

—Participación de los trabajadores en la toma de decisiones.

—Redes de apoyo entre los compañeros, ocio, desarrollo personal y profesional.

—Recompensa y el reconocimiento al profesional.

—En relación con las condiciones ambientales, es necesario cumplir las medidas mínimas de ***seguridad e higiene en el trabajo***. También son importantes cuestiones como el mobiliario del local en el que se trabaja, la incidencia de la luz, la ubicación de plantas e incluso la utilización de los colores y la decoración. Todos estos factores influyen en el desempeño laboral y pueden tener relación con el síndrome de Burnout.

IX. Conclusiones

El Burnout en los profesionales sanitarios de atención primaria y urgencias es una realidad.

La calidad de vida de los profesionales que lo sufren puede alterarse de manera significativa.

El burnout de los profesionales sanitarios de atención primaria y urgencias pueden tener consecuencias perjudiciales en la atención de sus pacientes.

Es importante conocer los factores de riesgo de padecer el síndrome, con el fin de identificar los grupos más vulnerables y actuar con las medidas de prevención adecuadas.

Es de vital importancia prestar atención, en los profesionales sanitarios de atención primaria y urgencias, a la aparición de alguno de los tres marcadores característicos: agotamiento emocional, despersonalización y baja realización personal, con el fin de poner en marcha estrategias de afrontamiento lo antes posible.

Es necesario diseñar estrategias eficaces para la prevención y afrontamiento del burnout.

Las instituciones deben reconocer la necesidad de poner a disposición de los empleados programas de intervención contra el Burnout.

X. Bibliografía

1- Freudenberger H. Staff burnout. Journal of social issues. 1974; 30:159-66.

2- Maslach C. Burned out. Human behavior. 1976; 5:16-22.

3- Jackson SE, Schwab RL, Schuler RS. Toward an understanding of the Burnout phenomenon. Journal of applied psychology. 1986; 4:630-640.

4- Maslach Buenout Inventory (2ª ed). Palo Alto: Consulting Psychologists Pess, 1986.

5- Bosqued M. Quemados, el Sindrome de Burnout. Ediciones Paidós Ibérica: Barcelona; 2008.

6- Escriba-Aguir V, Martin-Baena D, Perez-Hoyos S. Psychosocial work environment and burnout among emergency medical and nursing staff. Int Arch Occup Environ Health. 2006; 80(2):127-133.

7- Kovacs M, Kovacs E, Hegedu K. Emotion work and burnout: cross-sectional study of nurses and physicians in Hungary. Croat Med J. 2010 Oct; 51(5):432-442.

8- Ogresta J, Rusac S, Zorec L. Relation between burnout syndrome and job satisfaction among mental health workers. Croat Med J. 2008; 49:364-374.

9- Escribà-Agüir V, Pérez-Hoyos S. Psychological well-being and psychosocial work environment characteristics among emergency medical and nursing staff. Stress Health. 2007; 23:153-160.

10- Caldwell BA, Gill KJ, Fitzgerald E, Sclafani M, Grandison P. The association of ward atmosphere with burnout and attitudes of treatment team members in a state psychiatric hospital. Am J Psychiatr Rehabil. 2006; 9:111-129.

11- Cathébras P, Begon A, Laporte S, Bois C, Truchot D. Burn out among French general practitioners. Presse Med. 2004 Dec; 33(22):1569-1574.

12- Fernández Martínez O, Hidalgo Cabrera C, Martín Tapia A, Moreno Suárez S, García del Río B. Burnout en médicos residentes que realizan guardia en un servicio de urgencias. Emergencias 2007; 19: 116-121.

13- Pando M, Bermúdez D, Aranda C, Pérez J, Flores E, Arellano G. Prevalencia del estrés y el burnout en los trabajadores de la salud en Cd. Guayana, Venezuela. Psicología y Salud. 2003; 13(1):47-52.

14- Bakker AB, Demerouti E, Verbeke W. Using the Job Demands-Resources Model to predict burnout and performance. JHRM 2004; 43:83-104.

15- Martínez C, López G. Características del síndrome de burnout en un grupo de enfermeras mexicanas. Arch Med Fam 2005; 7(1): 6-9.

16- Albaladejo R, Villanueva R, Ortega P, Astasio P, Calle M, Domínguez V. Síndrome de burnout en el personal de enfermería de un hospital de Madrid. Rev. Esp. Salud Pública 2004; 78(4):505-516.

17- Olivar C, Gonzalez S, Martinez MM. Factores relacionados con la satisfacción laboral en los médicos de Atención Primaria en Asturias. Aten. Primaria 1999; 24: 352-359.

18- Caballero MA, Bermejo F, Nieto R, Caballero F. Prevalencia y factores asociados al burnout en un área de salud. Aten. Primaria 2001; 27: 313-317.

19- Prieto L. Burnout en médicos de atención primaria. Aten. Primaria 2001; 28: 444-445.

20- Jenkins R, Elliott P. Stressors, burnout and social support: nurses in acute mental health settings. J Adv Nurs. 2004 Dec; 48(6):622-631.

21- Dickinson T, Wright KM. Stress and burnout in forensic mental health nursing: a literature review. Br J Nurs. 2008 Jan; 17(2):82-87.

22- Awa WL, Plaumann M, Walter U. Burnout prevention: a review of intervention programs. Patient Educ Couns. 2010 Feb; 78(2):184-190.

23- Peterson U, Bergström G, Samuelsson M, Asberg M, Nygren A. Reflecting peer-support groups in the prevention of stress and burnout: randomized controlled trial. J Adv Nurs. 2008 Sep; 63(5):506-516.

24- De Pablo G, Superviola-González JF. The prevalence of the burnout syndrome or professional exhaustion in primary care physicians. Aten Primaria 1998; 22: 580-584.

25- Keller AL, Koening WJ. Management of stress and prevention of burnout in emergency physicians. Ann Emerg Med 1989; 18: 42-47.

26- Rocha-Luna JM. Síndrome de Burnout. ¿El médico de urgencias incansable? Rev Mex Med Urg 2002, 1: 48-56.

19708818R00035

Printed in Great Britain
by Amazon